LA
RÉPUBLIQUE D'ANDORRE,

OU
UNE RÉPUBLIQUE SÉCULAIRE

HEUREUSE ET STABLE

DEPUIS CHARLEMAGNE JUSQU'A NOS JOURS.

(790. — 1848.)

Comment! les apôtres de la révolution, les Rousseau, les Voltaire, les Mirabeau et les Danton ont fait retentir leur parole novatrice dans toute l'Europe et au delà des mers; à leur voix, comme au son des trompettes de Jéricho, tout le passé s'est écroulé autour de cette vallée d'Andorre, et là il est resté intact!

MICHEL **CHEVALIER.**

PARIS,

GARNOT,  **BARBA,**
7, RUE PAVÉE SAINT-ANDRÉ,   4 BIS, RUE DE LA PAIX,

1848

Imprimerie de RAYNAL, à Rambouillet.

LA
RÉPUBLIQUE D'ANDORRE.

Vallée de l'Ariége, frais rivages, douces collines, ceinture onduleuse et verdoyante de la vallée, le voyageur jette sur vous un dernier regard, lorsque au dessus de Pamiers il rencontre l'aspect sévère de la montagne, les cimes escarpées et couvertes de neige ! De Tarascon à Vic-de-Sos, la gorge de la Ramade s'ouvre devant lui comme un tombeau de granit ; ses yeux mesurent avec effroi la montagne aride et nue qui semble l'enserrer entre deux hautes murailles ; au fond coule l'Ariége. Partout solitude et désolation. Seul, le château de Miglos, ancien nid féodal, aujourd'hui désert, dresse encore, sur une cime, ses tours et ses créneaux. A Vic-de-Sos, la vie reparaît ; les montagnes s'élargissent en cercle, et présentent, au fond de la perspective, une triple rangée de sommets, granit, schiste ou marbre. Dans la vallée et à mi-côte, la culture et l'industrie animent et vivifient de grands villages ; l'œil rencontre à la fois des cheminées de forges, des monuments druidiques et des tours de l'époque carlovingienne ; à côté des grottes à stalactites, asiles fortifiés jadis par les Albigeois, s'ouvrent les grottes précieuses que la main de l'homme a creusées, et qui recélaient le minerai de fer. L'Ariége déroule ses flots bleus et vient orner encore ce paysage déjà si varié.

Mais les regards s'arrêtent surtout sur les blanches Pyrénées. Voici le Montcal, la montagne de Bassiesses, où se trouvent d'excellents pâturages, le mont de Rancié, d'où l'on extrait le fer. Le col de Sem est à gauche. Un monument druidique s'élève sur un sommet solitaire ; l'œil distingue au loin cette table de granit qui repose sur trois petits blocs, comme sur des pieds tronqués, entre lesquels il aperçoit le ciel. Cette table présente encore au centre de sa surface la cavité circulaire qui recevait le sang des victimes humaines.

A droite, est le col de Lherz ; en face, le passage qui conduit à la vallé d'Andorre. Le bourg de Vic-de-Sos occupe le fond de la vallée ; puis viennent se ranger en amphithéâtre, sur la pente des montagnes, les villages de Suc. d'Auzat, d'Ollier ; celui de Goulier, plongé le plus souvent dans les neiges ou perdu dans les nuages : celui d'Orus, qui s'affaisse par degrés et se rapproche insensiblement de la vallée. D'un côté de Vic-de-Sos, un chemin escarpé conduit aux mines, et présente au milieu de ses détours, vers le col de Sem, une cascade qui tombe perpendiculairement, du milieu des sapins, d'une hauteur de deux cents pieds ; de l'autre côté de Vic-de-Sos, voici le camp de Charlemagne, le camp de Montréal ; on retrouve encore épars, sur un large mamelon, les débris d'une grande enceinte fortifiée, qu'annonce la tour carrée d'Ollier.

Le nom de Charlemagne appartient à notre sujet ; nous qui sommes, malgré tout, des républicains d'hier, arrêtons-nous avec curiosité devant une république dont l'existence remonte au temps de Charlemagne, que tous ses voisins ont respectée, mais qui, avant tout, s'est respectée elle-même ; il est vrai qu'elle n'est pas démocratique. Les Andorrans sont restés fidèles à leurs mœurs rustiques, à leurs institutions, à leurs usages. L'uniformité ne s'est pas introduite chez eux sous le nom de la centralisation. La stabilité qui règne dans la vie de famille a conservé à chaque vallée, à chaque village, son caractère particulier. Tous ces petits clans sont restés juxta-posés, et le frottement n'a pas effacé les nuances qui les distinguent. Les pères ont transmis à leurs enfants la même profession, la même manière de vivre ; les différences qui en résultaient dans les idées et dans les coutumes ont subsisté. Ainsi on rencontre successivement des villages d'agriculteurs, de muletiers, de mineurs ; telle commune est renommée par ses habitudes d'ordre, d'économie, de sobriété, dans une autre commune, à un quart de lieue, tout le monde semble adopter la devise du *Gros Roger-Bontemps*. Les habitants de Sem ne savent pas lire, mais ils connaissent parfaitement toutes les ressources offertes à la chicane par le Code de procédure ; ils rappellent, sous ce rapport, les paysans des environs de Pontcroix, dans le Finistère. Nos Bretons, eux aussi, ont lutté longtemps pour conserver leurs traditions, leurs usages ; mais ils s'en vont toujours. Les Andorrans, plus heureux, n'ont même pas eu de lutte à soutenir. Les mineurs de Goulier se livrent à des travaux prodigieux ; un appétit indomptable accompagne leurs forces athlétiques ; leurs repas rappellent celui d'Ulysse.

Cette république sans pareille est située à côté de nous, dans les gorges des Pyrénées, entre la Catalogne et la France, sous le protectorat de laquelle elle est placée. Avant la révolution, l'hommage était rendu, à genoux, tous les ans, aux consuls de la vallée de Vic-de-Sos. C'est une vallée de douze lieues environs de circonférence, qui ne compte pas plus de six mille habitants. Elle est séparée de la France par les sommets des montagnes, que la neige obstrue pendant six mois de l'année ; il n'y a alors qu'un passage du côté de l'Espagne ; c'est l'Embalire qui l'ouvre au milieu des rochers, en descendant vers la forteresse d'Urgel. Vers l'an 790, les Andorrans accueillirent Charlemagne et l'armée qu'il conduisait contre les Maures d'Espagne ; ils la dirigèrent vers les défilés de la Catalogne. Le grand empereur défit les Maures dans la vallée de Carol, à laquelle il a laissé son nom ; et, pour récompenser les habitants de l'Andorre, il les rendit indépendants, et les laissa se gouverner par leurs propres lois. Cette concession ne fut pas absolue ; mais les seuls droits réservés qui subsistent encore consistent dans un tribut et dans la retenue du pouvoir judiciaire, exercé au nom du prince, par un viguier de son choix. Louis-le-Débonnaire organisa l'administration de l'Andorre ; les mêmes formes, les mêmes noms se sont conservés. En 811, il fit concession à l'évêque d'Urgel d'une partie des droits que Charlemagne s'était réservés. Il fut stipulé que la moitié de la dîme des six paroisses de la vallée appartiendrait à l'évêque d'Urgel, et que l'autre moitié (la ville d'Andore exceptée) appartiendrait au chapitre de l'église cathédrale, que les Maures avaient détruite, et que l'empereur fit reconstruire. La moitié de la dîme d'Andorre fut donnée à l'un des principaux habitants, en récompense des services qu'il avait rendus aux armées françaises, et cette portion s'appelle encore aujourd'hui *droit carlovingien*. Il existe aussi en Catalogne d'autres portions de dîmes concédées par Louis-le-Débonnaire à des séculiers, et nommées *droits carlovingiens*. L'empereur régla alors le mode de gouvernement de la vallée.

Les comtes de Foix s'emparèrent sans doute des droits que s'étaient réservés les empereurs ; mais grâce à cette suzeraineté, l'Andorre conserva son indépendance. Quelques différends survinrent entre les évêques d'Urgel et les comtes de Foix : il y eut des arrangements intitulés *Paréages*, qui règlent encore les droits respectifs. Le comté de Foix fut réuni à la couronne, lorsque Henri IV monta sur le trône, et le protectorat de l'Andorre fut ainsi rendu à la France.

Notre grande révolution respecta cette petite république. Le tribut fut qualifié de droit féodal et ne fut pas perçu, mais la neutralité fut respectée. En 1794, le général Chabert voulut faire passer des troupes par l'Andorre pour se porter sur la Seu d'Urgel ; les Andorrans réclamèrent, et l'ordre fut révoqué. Napoléon, sur la demande des Andorrans, rétablit tous les rapports qui existaient avant la révolution, entre la France et l'Andorre. Un décret du 25 mars 1806, ordonna qu'il serait nommé un viguier pris dans le département de l'Ariége ; que le receveur-général de ce département recevrait la redevance annuelle de 960 francs, et que trois députés de la vallée prêteraient serment, chaque année, entre les mains du préfet de l'Ariége. La guerre d'Espagne, le voisinage de Mina ne portèrent aucune atteinte à la neutralité de ce petit Etat, qui, fidèle à ses engagements, paie aussi chaque année une redevance de 960 francs au prince-évêque d'Urgel.

Voilà donc une république de pasteurs où tout est invariable ; et cependant les registres de l'état civil sont aux mains du clergé ; le droit d'aînesse conserve, dans telle famille, le même bien depuis sept à huit cents ans ; les substitutions sont en vigueur ; il résulte de tout cela une grande inégalité dans les fortunes ; il y a une véritable aristocratie. Aussi les fonctions sont gratuites ; pas un cri ne s'élève contre toutes ces vieilles institutions ! C'est que l'esprit d'indépendance personnelle, l'esprit de famille, des mœurs pures et sévères, et, par dessus tout, la religion fidèlement gardée, les maintiennent, c'est que le même esprit anime les maîtres et les paysans ; c'est que tous respectent le passé. Mais qu'en diront nos républicains ?

Nous joignons ici une analyse de la constitution de l'Andorre.

ORGANISATION POLITIQUE.

L'Andorre s'étend sur un espace d'environ douze lieues du nord au sud, et de dix de l'est à l'ouest. Il est divisé en six paroisses ou communes, qui sont : la ville appelée Andorre, chef-lieu, d'où le pays a pris son nom, et les villages de Saint-Julia-de-Loria, Encamp, Canillo (autrefois Canillan), Ordino (autrefois Ordinans) et la Massana. A ces six communautés sont annexés une vingtaine de hameaux et diverses habitations isolées, formant au moins quarante suffragances.

Conseil souverain. — L'Andorre est gouverné par une réunion de vingt-quatre membres, appelée conseil général et souverain. Les vingt-quatre membres de ce conseil sont : 1° les douze consuls qui administrent les six paroisses ; 2° les douze consuls qui étaient en fonctions l'année précédente. Ces derniers s'appellent conseillers. Il a trois modes de délibération. Dans le premier mode, il n'y a qu'un membre présent par paroisse ; dans le second, formé alors de douze personnes, il y en a deux par paroisse ; dans le troisième, tout le conseil est convoqué. Le syndic peut réunir la première, la seconde ou troisième assemblée selon l'importance de l'affaire.

Le conseil général se réunit dans toutes les circonstances où il survient des affaires extraordinaires ; mais il tient régulièrement cinq sessions annuelles : à Noël, à Pâques, à la Pentecôte, à la Toussaint et à la Saint-André. Dans ces réunions solennelles, le conseil souverain, avant de s'occuper d'affaires, entend la messe dans la chapelle du Palais, ou maison commune de la vallée, et nulle autre personne n'y est admise.

Indépendamment de ses attributions générales, le conseil connaît de tout ce qui concerne les servitudes rurales et urbaines, les biens communaux, bois, eaux, pêche, chasse, chemins, poids et mesures. Il lui appartient aussi de prohiber, s'il est nécessaire, la sortie des grains, etc.

Syndic-procureur-général. — Le conseil souverain nomme parmi ses anciens membres le syndic-procureur-général de la vallée d'Andorre. Cette place est à vie, à moins de démission ou de destitution pour motifs extraordinaires. Le syndic est président du conseil ; c'est lui qui le convoque. Dans les occasions extraordinaires, il fait les propositions qu'il croit utiles, et sur lesquelles le conseil a ensuite à délibérer.

Dans les réunions annuelles, le syndic rend compte de sa gestion, et propose les divers objets des délibérations. Chaque membre peut aussi faire part de ce qu'il croit avantageux au pays. Tout se décide à la pluralité des voix. Le syndic demeure chargé de l'exécution.

Consuls. — Avant le 1er janvier, époque où la session de la Noël doit être terminée, les six paroisses présentent chacune, pour leurs nouveaux consuls, des candidats pris toujours parmi les chefs de familles notables. Le conseil souverain en choisit deux pour chaque paroisse ; la nomination faite est notifiée sans délai ; et le 1er janvier, après une messe solennelle, les consuls sont proclamés consuls pour un an (terme de rigueur pour cette place). On les introduit ensuite dans le conseil, dont ils deviennent membres avec les douze conseillers.

Les douze consuls de l'année précédente quittent leurs charges ; mais, dans la réunion du conseil, à la Pentecôte, ces mêmes douze consuls sont installés membres du conseil souverain, sous le titre de conseillers, et les douze conseillers de l'année précédente cessent toutes leurs fonctions.

Les deux consuls sont installés avec pompe dans leurs paroisses le soir du 1er janvier. Ils sont qualifiés de premier et de second consul. Ils administrent leurs paroisses, y font exécuter les arrêts du conseil souverain, ainsi que les ordres du syndic et des viguiers, en ce qui concerne la justice.

Les chefs de famille notables étant peu nombreux, ces charges roulent constamment entre un petit nombre d'hommes, qui, après avoir passé un an, ou deux, ou trois sans fonctions, sont réélus nécessairement.

Titres des autorités. — Le conseil souverain est qualifié d'Illustrissime par les Andorrans, ainsi que dans tous rapports écrits entre lui et les étrangers. Le syndic et les deux viguiers, dont il sera parlé tout à l'heure, reçoivent également le titre d'Illustres dans tous les rapports officiels qu'on a avec eux, soit verbalement, soit par écrit. Ils sont obligés de prendre ce titre dans tous les actes publics, et de se le donner mutuellement dans l'exercice de leurs fonctions. Le baile ou juge civil reçoit, dans les requêtes qu'on lui adresse, le titre d'Honorable.

Les viguiers portent l'épée; c'est surtout leur marque distinctive. Ils sont obligés d'en être munis quand ils rendent la justice, et seuls ils ont le droit de la porter dans le conseil souverain et dans toutes les réunions publiques. Aucune autorité du pays ne peut mettre cette arme devant eux ; c'est le signe reconnu de l'autorité suprême et de la justice.

ORGANISATION JUDICIAIRE.

Toute justice émane du roi des Français et de l'évêque d'Urgel. La manière de rendre la justice, le nom et le pouvoir des magistrats nommés à cet effet, sont encore exactement conformes à ce qui fut réglé par Louis-le-Débonnaire.

Viguiers. — Pour l'administration de la justice, le roi des Français et l'évêque d'Urgel nomment chacun un magistrat supérieur appelé viguier, avec la différence que le roi choisit toujours un Français, tandis que l'évêque d'Urgel ne peut prendre pour viguier qu'un citoyen andorran, qu'il a la faculté de révoquer au bout de trois ans. Le viguier de France, au contraire, est nommé à vie; du moins, jusqu'en 1831, il n'y avait pas d'exemple qu'un viguier français eût cessé ses fonctions tant que son âge lui avait permis de les exercer, et dans le cas, qui s'est très rarement présenté, d'empêchement physique, le viguier français avait volontairement donné sa démission (1).

Justice civile. — *Bailes.* — Pour rendre la justice civile, chacun des viguiers nomme un baile ou juge des causes civiles. La nomination de ces bailes est le premier acte d'autorité que fassent les viguiers. Aussitôt après l'installation d'un nouveau viguier, le baile nommé par son prédécesseur cesse ses fonc-

(1) M. le Chevalier de Roussillon a été destitué, en 1831, pour cause d'opinions politiques.

lions, et, sur une liste de six candidats membres du conseil souverain, présentée au nouveau viguier par le syndic, celui-ci nomme son baile.

Justice criminelle. — Lorsqu'un crime a été commis, la première autorité qui en a connaissance en donne avis au viguier d'Urgel, qui, étant Andorran, se trouve dans le pays. On fait arrêter sans délai le prévenu. Le viguier prend aussi toutes les mesures qu'il juge convenables, et met, s'il le faut tout le pays en armes.

Le viguier présent commence les interrogatoires, aidé du notaire-secrétaire de la vallée, et en donne avis sur-le-champ au viguier de France. Celui-ci, réuni à son collègue, prend connaissance de l'affaire; ils continuent ensemble les informations, et lorsqu'ils jugent qu'il peut y avoir lieu à peine afflictive, ils indiquent au syndic le jour où la cour doit se réunir et se constituer. Le syndic convoque pour le jour fixé le conseil général, qui s'assemble au Palais de la vallée, à la salle de ses séances. Les viguiers, dans leur costume, sont introduits par quatre membres, ainsi que le juge d'appel des causes civiles, mandé pour cette circonstance. Une messe du Saint-Esprit est célébrée dans la chapelle du Palais; après la messe, le conseil général souverain nomme deux de ses membres pour être présents aux opérations de la cour, et surveiller le maintien des formes et usages du pays, après quoi le conseil se sépare, et la cour se trouve constituée.

Le viguier de France préside cette cour souveraine, qui a les pouvoirs les plus étendus pour faire comparaître tout individu et suivre partout les traces du crime.

La cour reçoit avec ou sans serment tous les témoignages qu'elle croit utiles à former sa conviction. L'accusé a un notaire ou toute autre personne de son choix pour l'aider dans sa défense. Il peut faire entendre des témoins à décharge. On appelle vulgairement l'avocat de l'accusé *Rahonador,* ou parleur.

Toute autre justice est alors suspendue. Les juges civils ne peuvent rendre aucun jugement. Les bailes et les consuls se tiennent à leur domicile, afin d'être toujours prêts à faire exécuter les ordres de la cour.

La procédure étant finie, les viguiers seuls ont voix délibérative pour rendre le jugement. Le jugement rendu , la cour fait savoir au syndic que ses opérations sont terminées ; celui-ci réunit de nouveau le conseil , et c'est en sa présence et sur la place publique, où la cour se rend , escortée par le conseil général, que le jugement est prononcé.

Les jugements de la cour sont sans appel ; ils sont exécutés dans les vingt-quatre heures. On suit dans la procédure et la rédaction des pièces les formes et usages établis de temps immémorial. En cas de doute, on consulte les deux membres du conseil général, présents à la cour, et, au besoin, les archives de la vallée. Lorsque la sentence a été exécutée, le conseil général se réunit encore, et la session de la cour est close avec pompe.

Il est très rare que la cour criminelle soit convoquée. Il se commet fort peu de crimes dans l'Andorre.

Lois. — Il n'y a pas de lois pénales écrites ; il n'existe que quelques règlements relatifs aux formes à suivre dans les procès criminels et civils. Les viguiers appliquent en leur âme et conscience la peine qu'ils croient convenable d'après leur conviction, comme des jurés.

Les bailes, à qui sont déférées les causes civiles, jugent selon leur bon sens ; et pour la procédure, ils suivent plutôt les usages et habitudes que des lois positives.

Police. — La haute police est du ressort des viguiers. La police intérieure, relative aux étrangers qui séjournent ou qui passent, est du ressort des consuls et des bailes, mais sous la surveillance des viguiers, qui peuvent faire expulser tout étranger dont ils croient la présence nuisible.

Pénalité religieuse. — On conserve encore quelques punitions canoniques qui contribuent puissamment à maintenir l'ancienne sévérité des mœurs. Il arrive quelquefois que, pour des fautes très graves, on soit exclu pendant quelque temps de l'intérieur de l'église, et l'on se soumet à cette punition ; on la supporte même avec une crainte respectueuse.

FINANCES.

Impôts. — *Domaines publics.* — *Domaines communaux.* — Les paccages des montagnes et les bois constituent, pour l'Andorre, un domaine précieux. Outre qu'ils permettent d'élever une grande quantité de bestiaux, c'est aussi une branche du revenu public. Ces paccages et bois sont divisées en portions, les unes communales, les autres publiques. Les paccages et bois communaux sont partagés en quatre portions, appelées *quarts;* chaque quart est affecté à une ou deux paroisses, suivant la population. Chacune a sa part distincte et séparée, afin d'éviter les contestations entre voisins. Pour l'ordre et la police des paccages, il y a un magistrat attaché à chaque quart, qu'on nomme commissaire du quart.

Les paccages publics sont les plus voisins de l'Espagne. On les afferme tous les ans aux troupeaux à laine de l'Urgel, qui, dans l'été, quittent leur sol brûlant pour stationner dans ces pâturages frais, où ils demeurent jusqu'au mois d'octobre. C'est la seule branche de revenu assuré que possède l'Andorre. En outre, chaque paroisse s'impose d'après les besoins de l'année. Cette imposition se compose d'une taxe personnelle et d'une taxe sur le revenu présumé des terres que chacun possède, ainsi que sur le nombre des bestiaux. Ces impôts sont tous très faibles. Les consuls en font le recouvrement, et en remettent le produit au syndic.

Tous les bois de l'Andorre sont communaux; aucun habitant n'en possède pour son compte, et chaque paroisse a son canton fixé. Ces bois étant plus que suffisants pour les besoins de la population, chaque paroisse vend son excédant aux propriétaires des forges établies dans le pays. Les fonds provenant de ces ventes sont mis en réserve pour les dépenses extraordinaires de la commune de la vallée, telles que les réparations des églises et des maisons-communes, le traitement des vicaires et l'envoi de commissaires en France ou en Espagne pour réclamations à faire ou privilèges à maintenir, etc.

Le syndic reçoit le montant de tous les impôts. Il paie la redevance à la France et à l'évêque d'Urgel ; il acquitte toutes les dépenses arrêtées par le conseil souverain. Le surplus des revenus sert aux frais indispensables d'administration, à l'entretien du Palais de la vallée, au salaire du concierge, aux repas d'apparat que les différentes réunions du conseil nécessitent, à l'entretien des prisons, etc.

Le syndic rend compte au conseil général des dépenses ordinaires et extraordinaires. Ce compte est arrêté tous les ans.

Salaire des autorités. — Les fonctions publiques sont gratuites.

Le service militaire lui-même n'est l'objet d'aucune rétribution. Les Andorrans convoqués pour prêter main-forte à l'autorité et faire des perquisitions dans les montagnes ne reçoivent ni argent ni vivres ; mais c'est un service toujours borné à peu de jours : il ne s'agit dans ce cas que d'arrêter des malfaiteurs ou de quelque démonstration passagère. L'Andorre n'a jamais pris part aux guerres de ses voisins.

Dîmes. — Les Andorrans paient la dîme à l'évêque et au chapitre d'Urgel, de la même manière qui fut réglée par Louis-le-Débonnaire. Le clergé local n'a, par conséquent, aucune part à cette dîme. Chaque curé reçoit un traitement fixe de l'évêque d'Urgel. Ce traitement, fort modique, est augmenté par des fondations qui sont attachées aux cures de chaque paroisse. Les vicaires sont payés des fonds particuliers et extraordinaires des communes. Il y a aussi beaucoup de prêtres desservant les chapelles des suffragances, auxquelles sont affectées des fondations.

Règlements commerciaux. — La vallée d'Andorre, à cause de sa constitution extrêmement montagneuse, est presque tout entière en paccages et en bois. Il n'y a que très peu de champs en culture, et, si ce n'est dans les années d'abondance, le pays ne produit point assez de grains pour se nourrir. De là est née une loi commerciale fort sage. Les principaux propriétaires, qui récoltent des grains au delà de leurs besoins, ne peuvent les vendre qu'à leurs concitoyens ; quelque prix qu'on leur en offrît dans les pays voisins, il sont obligés de les réserver pour les besoins des Andorrans. L'évêque d'Urgel lui-même et son chapitre ne peuvent transporter en Espagne les grains provenant de la dîme ; leurs fermiers sont tenus d'en faire la vente en Andorre. Si plusieurs marchés avaient lieu dans la ville d'Andorre sans que la place fût approvisionnée, et que les personnes qui ont des grains à vendre refusassent de s'entendre avec les acheteurs, l'autorité locale, assistée du baile, pourrait, sur la plainte de deux pères de famille, ouvrir de force un grenier, faire transporter les grains sur la place, et les vendre au cours, sauf à verser le produit entre les mains du propriétaire. Pour contribuer à assurer l'alimentation publique en Andorre, le gouvernement français a autorisé les Andorrans à tirer tous les ans de la France, sans droits, une certaine quantité de subsistances et autres objets de première nécessité, savoir : grains, 1,000 charges ; légumes, 30 charges ; brebis, 1.200 ; bœufs, 60 ; vaches, 40 ; cochons, 200 ; mulets, 20 ; muletons, 30 ; chevaux, 20 ; juments, 20 : poivre, 1,080 kilog. ; poisson salé, 2,160 kilog. ; toile, 150 pièces. Ils n'épuisent jamais cette faculté ; ils ne peuvent faire cette extraction que par le bureau de la douane d'Ax (Ariège).

FORCE ARMÉE.

Tous les habitants sont soldats au besoin. Chaque chef de famille est obligé d'avoir un fusil de calibre et une certaine quantité de poudre et de balles. Dans les principales familles, on ne se contente pas d'avoir l'arme ordonnée, et, suivant le nombre d'hommes en état de porter les armes, on a plusieurs fusils, soit de chasse ou de calibre, et le chef de famille peut se présenter avec tous ses enfants ou frères armés.

Les viguiers sont chefs supérieurs militaires ; tous les hommes armés sont à leurs ordres et disposition. L'organisation est fort simple. Chaque paroisse a un capitaine et deux sous-officiers, appelés *dannés*, qui sont renouvelés tous les ans, et choisis par le conseil général, en même temps que les consuls ; ils sont ensuite agréés par les viguiers. Tous les ans, dans la semaine qui suit la Pentecôte, il est d'usage que les viguiers passent, en présence des consuls et souvent des bailes, la revue des différentes paroisses, visitent les armes et s'assurent que chaque chef de famille possède la quantité voulue de munitions. Les viguiers ont le droit de punir les contrevenants par un emprisonnement dont la durée est à leur gré.